AF535756

Hinse † / Möhl †

Wer bis zuletzt lacht, lacht am besten

Hogrefe Verlag

Programmbereich Palliative Care

Beirat
Christoph Gerhard, Dinslaken
Markus Feuz, Flurlingen

EX LIBRIS
DIESES BUCH GEHÖRTE:

Heinz Hinse †
Karl-Horst Möhl †

WER BIS ZULETZT LACHT, LACHT AM BESTEN!

HUMOR AM KRANKENBETT UND IN DER PALLIATIVE CARE

3., ergänzte Auflage

Nach einer Idee des Dipl. Theologen Heinz Hinse †
Mit Zeichnungen von Karl-Horst Möhl †

Heinz Hinse †, Dipl. Theologe
Website: www.werbiszuletztlacht.de
Karl-Horst Möhl †, Lokalredakteur, Karikaturist

Lektorat: Jürgen Georg
Herstellung: Daniel Berger
Illustration: Karl-Horst Möhl
Umschlaggestaltung: MetaDesign, Berlin; Claude Borer, Basel
Satz: Daniel Berger
Druck und buchbinderische Verarbeitung: Finidr s. r. o., Český Těšín
Printed in Czech Republic

Bibliografische Information der Deutschen Nationalbibliothek
Die Deutsche Nationalbibliothek verzeichnet diese Publikation in der Deutschen Nationalbibliografie; detaillierte bibliografische Angaben sind im Internet über http://dnb.d-nb.de abrufbar.

Dieses Werk, einschließlich aller seiner Teile, ist urheberrechtlich geschützt. Jede Verwertung außerhalb der engen Grenzen des Urheberrechtes ist ohne schriftliche Zustimmung des Verlages unzulässig und strafbar. Das gilt insbesondere für Kopien und Vervielfältigungen zu Lehr- und Unterrichtszwecken, Übersetzungen, Mikroverfilmungen sowie die Einspeicherung und Verarbeitung in elektronischen Systemen.

Die Wiedergabe von Gebrauchsnamen, Handelsnamen oder Warenbezeichnungen in diesem Werk berechtigt auch ohne besondere Kennzeichnung nicht zu der Annahme, dass solche Namen im Sinne der Warenzeichen-Markenschutz-Gesetzgebung als frei zu betrachten wären und daher von jedermann benutzt werden dürfen.

Anregungen und Zuschriften bitte an:
Hogrefe Verlag
Lektorat: Pflege
z.Hd.: Jürgen Georg
Länggass-Strasse 76
CH-3012 Bern
Tel. +41 31 300 45 00
info@hogrefe.ch
www.hogrefe.ch

1. Auflage 2008, Selbstverlag, Heidelberg-Maxdorf

1. Nachdruck 2024, der 3., ergänzten Auflage 2019
© 2015 / 2019 by Hogrefe AG, Bern

(E-Book-ISBN [PDF] 978-3-456-95945-0)
ISBN 978-3-456-85945-3
https://doi.org/10.1024/85945-000

INHALTSVERZEICHNIS

VORWORT

Heidelberg im Januar 2008. Mein Abendvortrag „Humor im Hospiz“ richtete sich eher an Ärzte, Pflegekräfte, Seelsorger und ehrenamtliche Hospizhelfer, die im täglichen Umgang mit Sterben und Tod die entlastende Wirkung des Humors besonders zu schätzen wissen. An diesem Abend aber war unter den Zuhörern ein persönlich betroffener Patient, der an Kehlkopfkrebs erkrankte Lokalredakteur und Karikaturist der RHEIN-NECKAR-ZEITUNG Karl-Horst Möhl.
Mein Vortrag und die darin verwandten Karikaturen hatten ihn motiviert, mit mir zusammen ein Buch mit solchen Karikaturen herauszubringen. Ich stimmte sofort zu, zumal mich immer wieder Zuhörer zu einem solchen Buch angeregt hatten.
Die Zusammenarbeit mit Karl-Horst Möhl, der mir bald zum Freund wurde, war für mich ein berührendes und bereicherndes Erlebnis. Sein Kehlkopfkrebs machte ihm das Sprechen schwer, aber mit seinen Augen und vor allem mit seinen Karikaturen konnte er sagen und ausstrahlen, was ihm trotz der spürbaren Nähe zum Tod an Lebensfreude und Liebenswürdigkeit geblieben war. Den von ihm gewählten Titel unseres Buches „Wer bis zuletzt lacht, lacht am besten“ hat er gelebt. Es war sein

persönlicher Weg, mit Angst und Verzweiflung in der Krebskrankheit umzugehen. Und er hat damit vielen anderen Patienten gezeigt: Der Humor ist ein Weg, auch wenn ihn nicht viele gehen können.

Der Lebensweg von Karl-Horst Möhl endete am Mittwoch, 29. April 2009. Bei seiner Beerdigung – in dem wunderschönen, von ihm selbst gestalteten Sarg – habe ich für mich gedacht: „Wer bis zuletzt lacht, lacht am besten – aber danach darf auch geweint werden“.

Mit Almut Rose, der Witwe von Karl-Horst Möhl, habe ich „im Sinne des Verstorbenen“, sein Buch weiterhin noch vielen Menschen, auch Patienten, zugänglich gemacht. Jetzt danken wir dem Hogrefe Verlag, dass er es einer noch größeren Zahl von Menschen erleichtert, „bis zuletzt lachen zu können“.

Heinz Hinse

[Heinz Hinse verstarb am 10.12.2018 nach langer Krankheit. Wir ergänzen diese Auflage um einen seiner letzten Texte und sein Gedicht „Lebens-Wert“. – Letzte Worte von einem der liebenswürdigsten und lebensbejahendsten Menschen, den ich je kennenlernen und mit dem ich arbeiten durfte.
Jürgen Georg, Lektor].

BEIM ARZT

ERLEBE ICH WENIGSTENS DEN WINTERSCHLUSSVERKAUF NOCH ?

DIE UNTERSUCHUNG HAT ERGEBEN, DASS SIE NOCH 12 STUNDEN ZU LEBEN HABEN – ICH VERSUCHE ABER SCHON SEIT 11 STUNDEN SIE ZU ERREICHEN!

HERR DOKTOR, BÜDGETMÄßIG BIN ICH SICHER EIN VERLUST FÜR
SIE, ABER VIELLEICHT MENSCHLICH EIN GEWINN!

ZUERST DIE GUTE NACHRICHT: RENTE MIT 67 IST FÜR SIE KEIN THEMA

RUHE SANFT
im Friedwald
SIE MÜSSEN VERTRAUEN ZU MIR HABEN...

ICH WÜRDE JETZT EINFACH SAGEN:
JAWOHL, ES IST KREBS!

JCH NEHME MIR FÜR SIE ALLE ZEIT DES LEBENS ...
DAS DÜRFTE REICHEN

IM KRANKENHAUS

...UND STERBEN WÄRE DAS LETZTE WAS ICH TUN WÜRDE...

HÄNGEN SIE RUHIG NOCH EINE DRAN, ICH HABE MEIN LEBEN GERN GETRUNKEN!

WENN DU EIN PFERD WÄRST, MÜSSTEN WIR DICH JETZT ERSCHIESSEN...

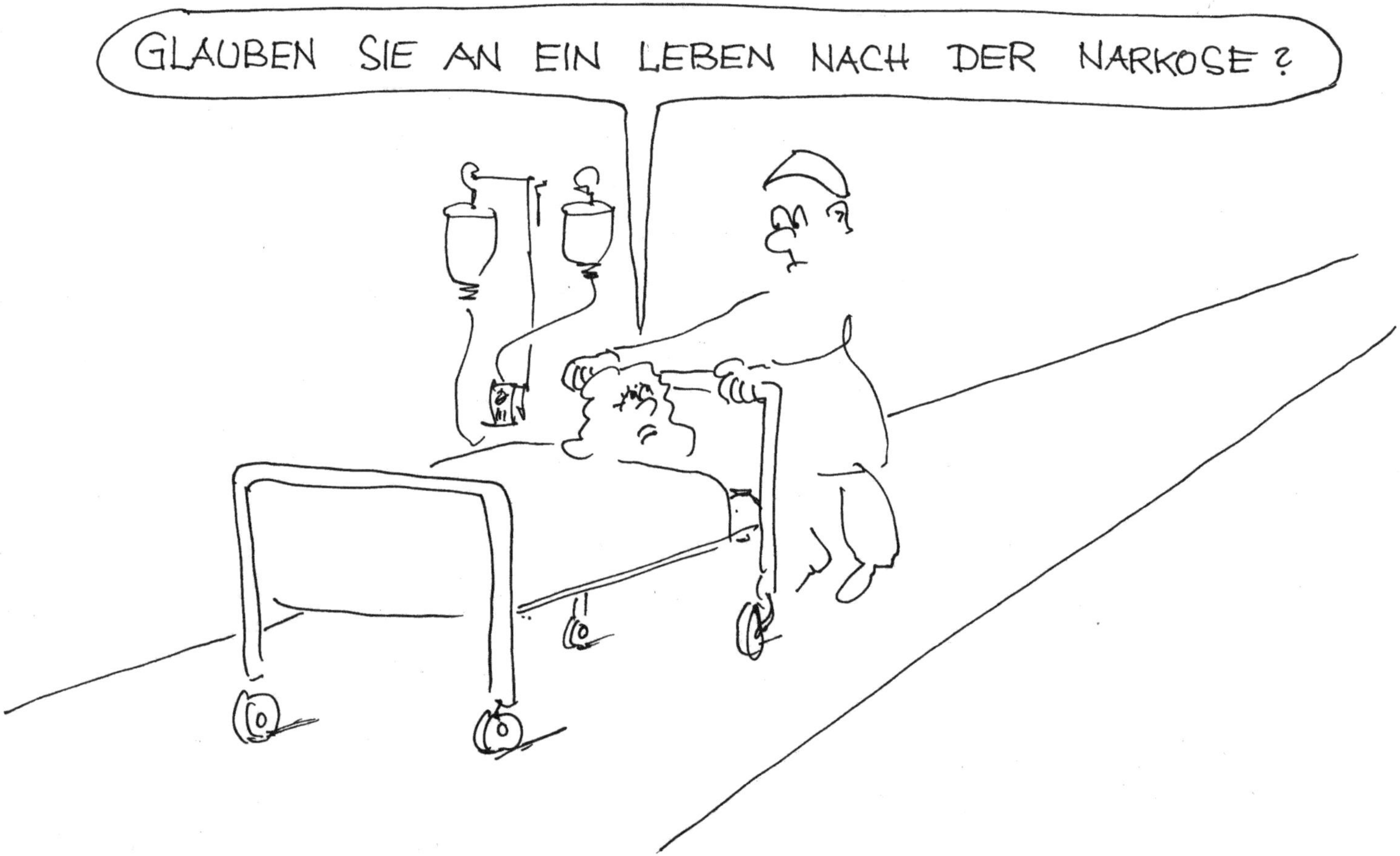

GLAUBEN SIE AN EIN LEBEN NACH DER NARKOSE?

KANN IHN NICHT MAL EINER ÜBER SEINEN ZUSTAND AUFKLÄREN?

EHRLICH, HERR DOKTOR, WIE LANGE HABE ICH NOCH?

NA, VIELLEICHT SO 10 . . .

10 WAS? JAHRE, MONATE, WOCHEN?

9, 8, 7, 6 . . . . . .

TYPISCH MEIN MANN, DA HÄTTE DOCH EIN RECORDER AUCH GEREICHT

HABE ICH NOCH CHANCEN, HERR DOKTOR ?

ICH RECHNE ES MAL DURCH

ICH MÖCHTE NACH HAUSE !
EBEN !
DA IST DOCH KEINER

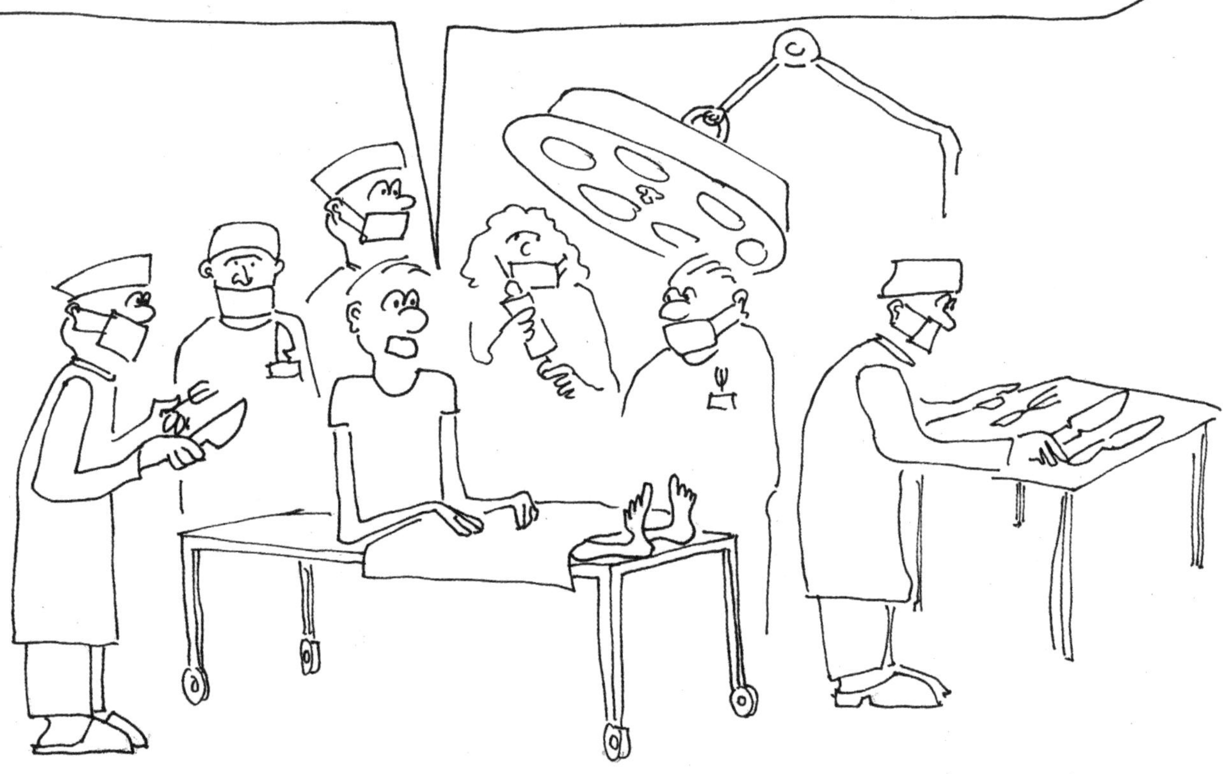
ICH GEHE JETZT NACH HAUSE UND STERBE EINES NATÜRLICHEN TODES!

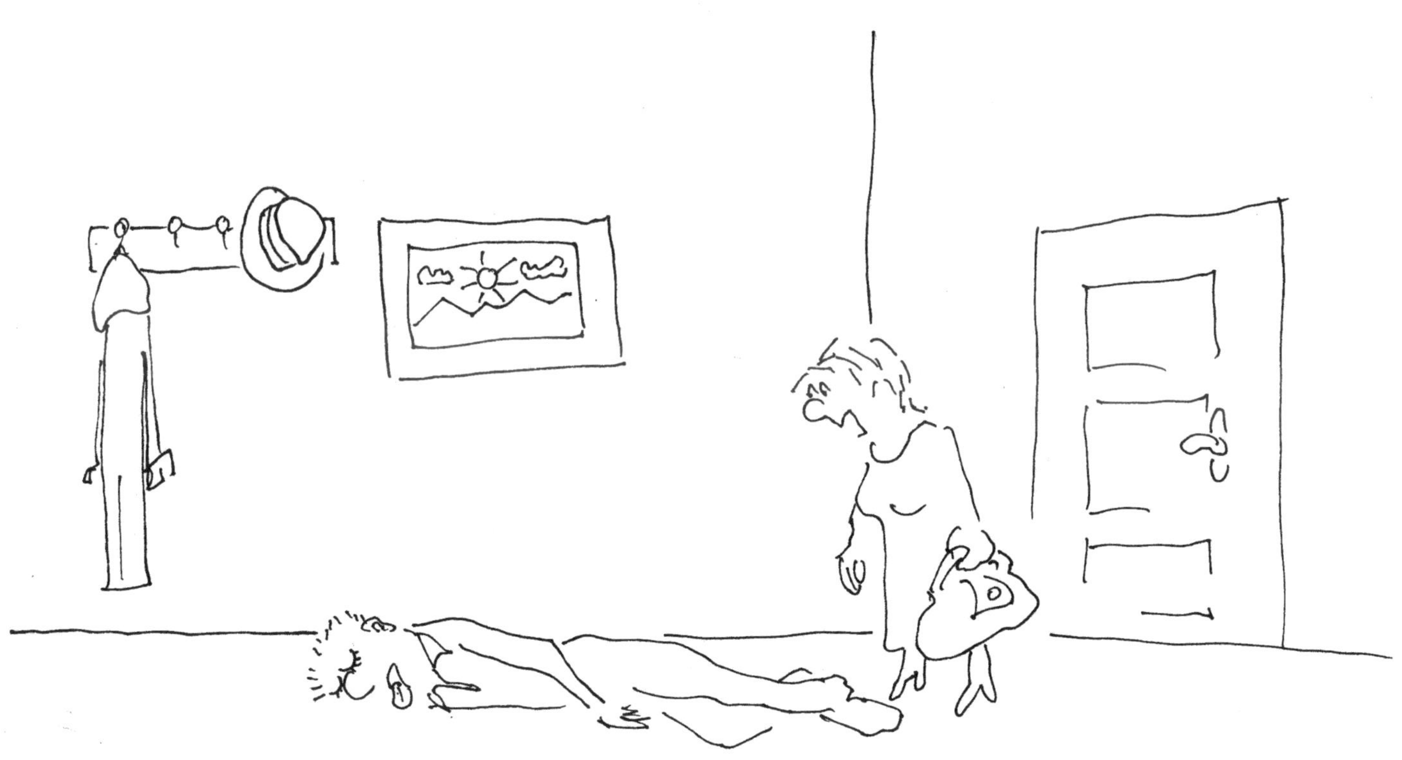

DU – TOT IM FLUR? SO KENN' ICH DICH GARNICHT ...

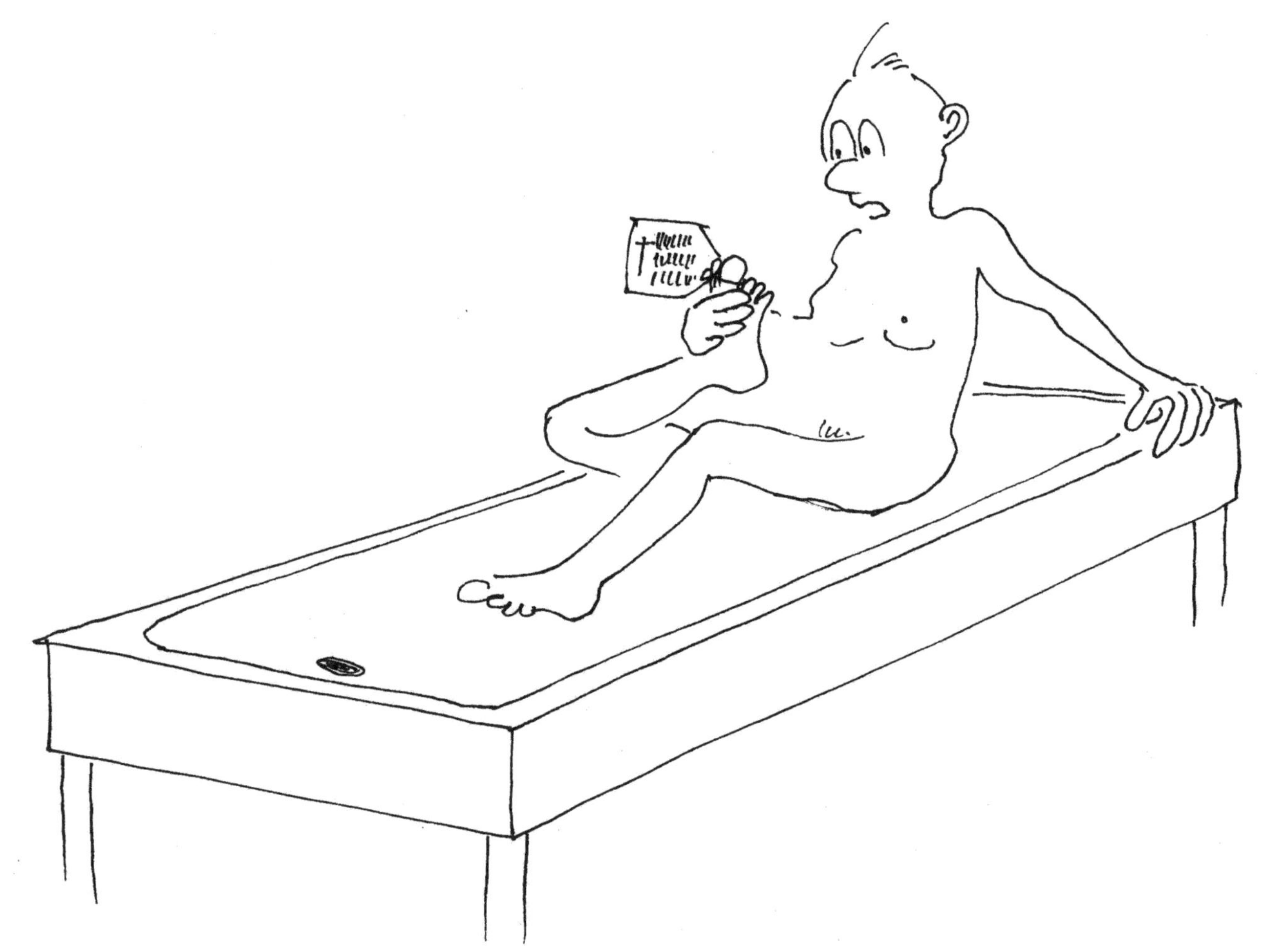

ICH HABE NUR GESAGT: ES WIRD DICH NICHT GLEICH UMBRINGEN, WENN DU EINMAL NETT ZU MIR BIST...

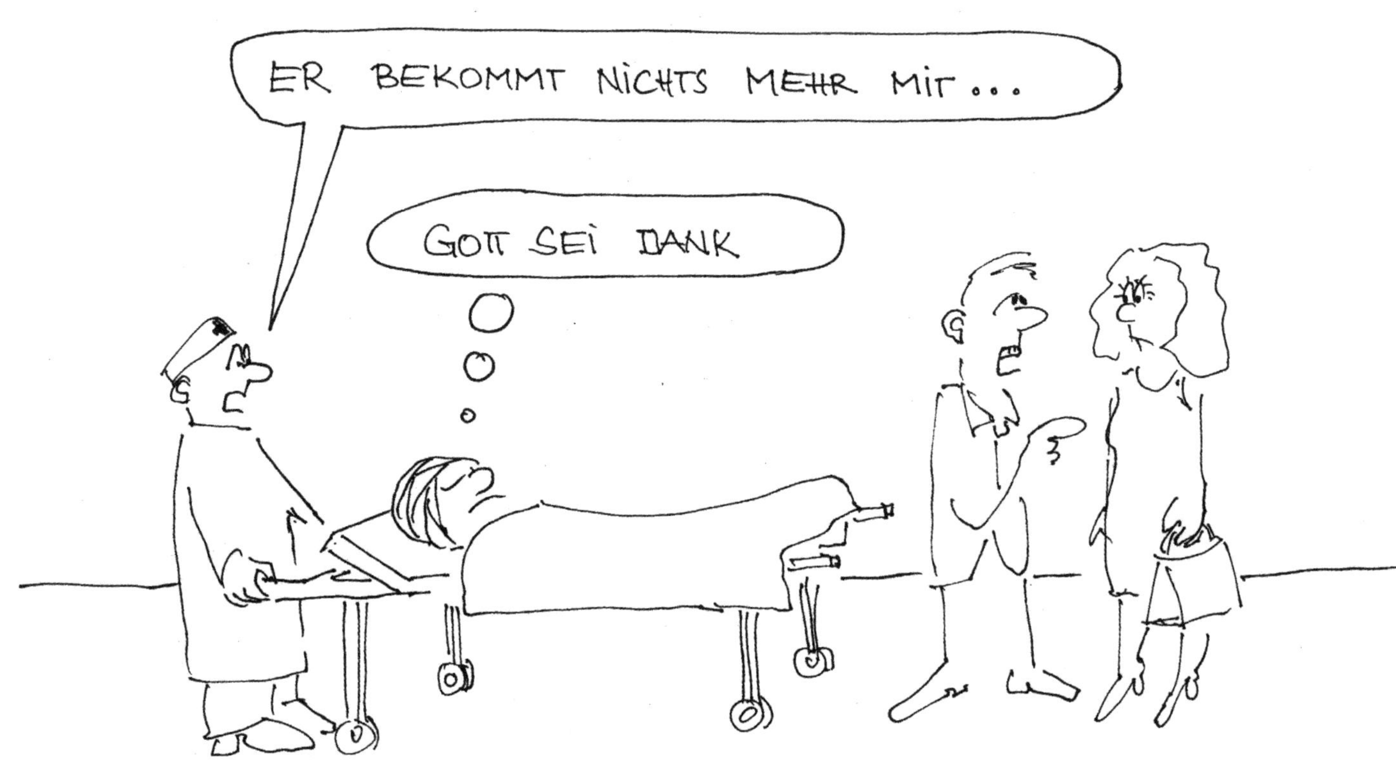
ER BEKOMMT NICHTS MEHR MIT ...
GOTT SEI DANK

WIR LEGEN IHNEN EINE ERNÄHRUNGSSONDE
WIE GESCHMACKLOS

AUF DER PALLIATIVSTATION

VERGESSLICH IST, WER DIE HOSE NACH DEM PINKELN NICHT ZUMACHT ...

DEMENT, WER SIE VORHER NICHT AUFMACHT !

MIT IHRER GANZEN HELFEREI WOLLEN SIE DOCH
NUR WIEDER EINEN SINN IN IHR LEBEN BRINGEN ...

WIR SIND FÜR SIE DA:
DR. EHRLICH , PALLIATIVMEDIZINER
SR. BEHUTSAM, PALLIATIVPFLEGERIN
K. VERBINDLICH, PALL.-SOZIALARBEITER
M. VERTRAULICH, PALLIATIVPSYCHOLOGIN
F. TRÖSTLICH, PALLIATIVSEELSORGER
EHRENAMTLICHER HOSPIZDIENST
DA FEHLT DER BESTATTER!

WANN MACHST DU DENN ENDLICH DEIN TESTAMENT?
WER ZULETZT LACHT, LACHT AM BESTEN!

SIE SIND JA SO NETT ZU MIR...
WENN SIE MICH JETZT AUCH NOCH SEHEN KÖNNTEN

IST DIE NEUE „SCHÖNER STERBEN" SCHON DA ?
SCHÖNER WOHNEN
EINFACH SCHÖN
SCHOEN
WÄR JA NOCH SCHÖNER
SCHÖNE GÄRTEN
SCHÖNER EINRICHTEN
SCHÖNER FOTOGRAFIEN
MEIN SCHÖNER GARTEN I
SCHÖNER MANN
SCHÖNE FRAUEN
SCHÖNER TRÄUMEN
SCHÖN BLÖD
SCHÖNER MIST
HELMUT SCHÖN ERZÄHLT
MEIN SCHÖNER GARTEN II
SCHÖNER LEBEN
SCHÖN
LIEB

WENN MAL EINER VON UNS TOT IST, ZIEH' ICH ANS MEER

WIE LANGE HABE ICH NOCH ZU LEBEN ?
BALD EWIG !

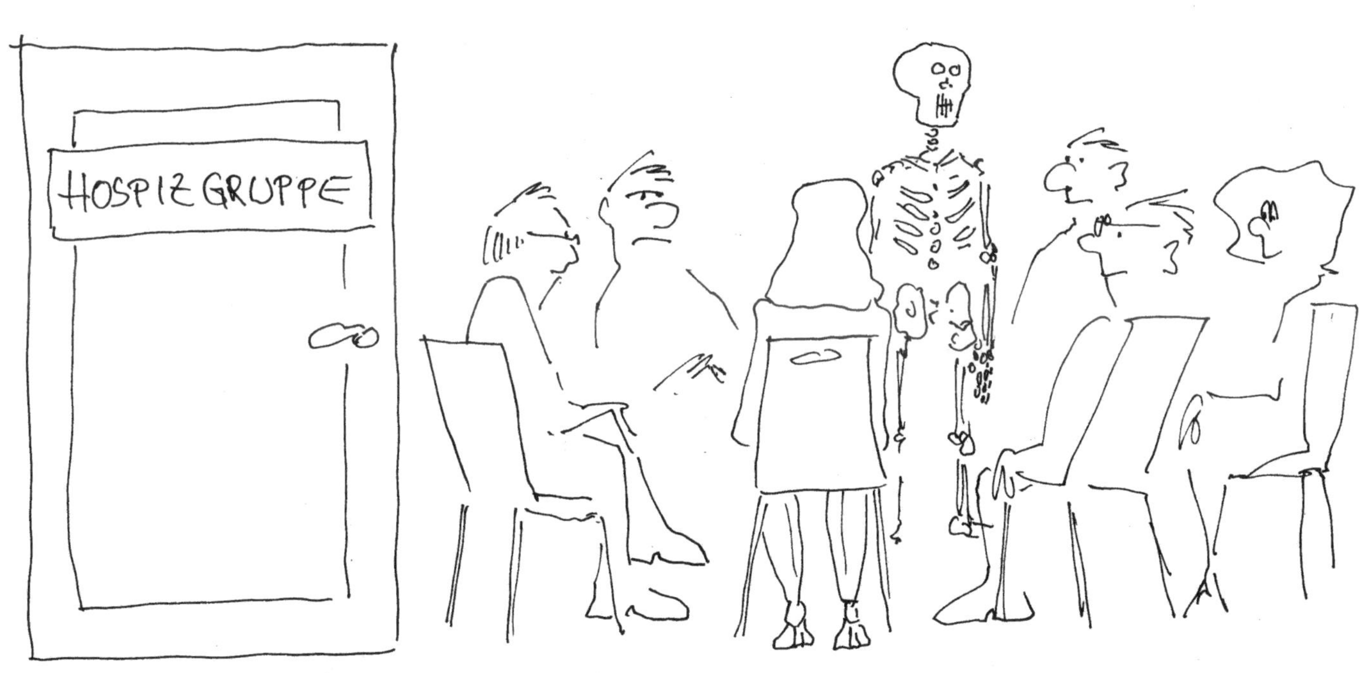

IM MITTELPUNKT STEHT IMMER DER MENSCH

BEI DER TOLLEN RENTE MAG ICH NOCH GARNICHT STERBEN

ER IST SCHON TOT, SIE KOMMEN UMSONST
VERGEBLICH VIELLEICHT, NICHT UMSONST!

WENN SIE SICH MAL RICHTIG AUSSPRECHEN WOLLEN, BEGINNEN SIE NACH DEM PIEP-TON

AN DIE AUFERSTEHUNG VON
DEN TOTEN KANN ICH NICHT
SO RECHT GLAUBEN...

DANN BLEIB
LIEGEN!!!

WAS KANN ICH DENN NOCH FÜR UNSER LAND TUN ?
DU SOLLST NICHT IMMER ANS STERBEN DENKEN!

PAPA HAT GESAGT, WENN OMA INS GRAS BEIßT, GEHT'S UNS BESSER!

OBEN KLAR UND UNTEN DICHT,
LIEBER GOTT, MEHR WILL
ICH NICHT

DIESE STATION WERDEN SIE ALS EIN ANDERER MENSCH VERLASSEN!
PALLIATIVSTATION

STEHT MIR DOCH GUT, ODER ...

UND, WER WAR ES JETZT SCHON WIEDER ?

UNSERE BEWOHNER SCHÄTZEN BESONDERS DIE SCHÖNE AUSSICHT!

BEGEGNUNG MIT DEM TOD

BEIM OSTERLACHEN WURDE DER TOD AUSGELACHT, WEIL IHN DER AUFERSTANDENE JESUS BESIEGT HATTE!

DA MÖCHTE ICH GERN VORHER NOCH MAL EINE ZWEITE MEINUNG HÖREN !

KEINE ANGST, ICH KOMME
WEGEN IHRES KANARIENVOGELS

WENN SIE JETZT KEINE ZEIT HABEN,
BESUCHEN SIE MICH DOCH BITTE EINMAL UNTER
WWW.DU-BIST-DRAN.DE

BENZIN
6,99

WENN ER NICHT FUNKTIONIERT, KÖNNEN SIE IHN GERNE UMTAUSCHEN!
FALLSCHIRME

SCHWESTER ANNA?
DOKTOR MÜLLER ?
NEIN! –
– SCHWESTER RUTH!

NEIN DANKE, WIR STERBEN NICHT !

ZUM ABSCHIED

UND GIB IHM NUN DIE EWIGE RUHE
OB ER DAS AUF DIE DAUER AUSHÄLT!?

DA BIN ICH WIEDER!!!

JETZT MAL ERNSTHAFT !
KILLROY WAS HERE
doof

SIE HAT SICH NIE ETWAS GEGÖNNT, DAS MUSS SIE UNS JETZT GÖNNEN!

UMSONST IST DER TOD ... VON WEGEN ...

ODER
HIER?
HIER RUHT
HÜTCHEN
SPIELER
TOM
ODER
HIER
?

WAHNSINN.... SAGENHAFT....

JUST
DIED

ADIEU

LEBENS-WERT

Von wem auch immer,
das Leben
ist geschenkt,
an jedem neuen Morgen
eines Dankes wert,
aller Kosten
und Mühen wert,
es zu erhalten,
zu pflegen
und frohen Herzens
zu genießen.
Wir erleben
das Leben
stark und schwach,
leicht und schwer,
froh und traurig,
im lebendigen
Auf und Ab.
Aber es hält durch,
geht weiter
auch nach zeitlichem Ende
im ewigen Anfang.
So ist das Leben
von bleibendem Wert.

Heinz Hinse

LESERSTIMMEN

Leserecho zu „Wer bis zuletzt lacht, lacht am besten“ – Eine Auswahl

Ihr Buch ist mir ein treuer Begleiter geworden und ich entdecke immer neue Schmunzeleien.

Ich habe Auszüge aus Ihrem Buch in einer Palliative Care Fortbildung kennengelernt und möchte es zur Implementierung von Palliative Care in unserem Wohnheim einsetzen, als Fachbuch sozusagen.

Ich möchte zwei Exemplare zur Alltagsbewältigung bei meiner Tätigkeit auf der Palliativstation bestellen. Das was ich bisher gesehen habe, hat mir gut gefallen.

Bei einem Seminar „Humor in der Seelsorge" wurde Ihr Buch vorgestellt. Beeindruckend amüsant, nachdenklich, bitter schwarz und süß.

Ich bin Mitglied in einem hiesigen ambulanten Hospizverein und habe voll Freude Ihre Cartoons gelesen. Vielen Dank für Ihre feinsinnige Arbeit!

Bei einem Seminar zur palliativen Logopädie hat uns Ihr Buch besonders gut gefallen.

Immer wieder gern verschenken wir Ihr Buch an Schüler und Praktikanten, die Ihren Einsatz im Hospiz gemacht haben.

In unserer Ambulanten Hospizgruppe ist das Buch eingeschlagen wie ein Blitz. Alle wollen das Buch auch haben.

Gestern war ich bei einem Vortrag über Lachyoga – Lachen in der Sterbebegleitung und bin über die wunderbaren Cartoons von Herrn Möhl gestolpert.

Mein Ex-Mann verschenkt das Buch immer wieder an ihn betreuende Ärzte und hat jetzt selbst keines mehr. Meine Bestellung wird also eine Überraschung für ihn, und eines halte ich mir in Reserve.

Ich bin in Niederösterreich als Palliativärztin tätig und unser Team bekam Ihr Buch geschenkt. Mir gefallen Hr. Möhl's Karikaturen so gut, dass ich angedacht habe, mir in der Ordination 1–2 Karikaturen aufzuhängen.

Dieses Buch hat sich eine Freundin zu ihren 60. Geburtstag gewünscht. Sie ist selbst im Hospiz tätig, daher wünscht Sie sich dieses Buch von Herzen.

Im Wartezimmer meines Therapeuten hatte ich die Gelegenheit in Ihrem Buch „Wer bis zuletzt lacht ..." zu schmökern. Da ich sehr gut über die Sprüche und die dazugehörigen Illustrationen lachen konnte, bitte ich Sie um Zusendung eines Exemplars.

AUTOREN

Heinz Hinse †
Geboren 1936 im lebensfrohen Brasilien, aufgewachsen im fröhlichen Rheinland, hat er beim Studium der katholischen Theologie den christlichen Glauben eher als Frohbotschaft denn als Drohbotschaft kennen gelernt. Als Beauftragter der Kirche für Hörfunk und Fernsehen beim NDR in Hamburg und später als Bildungsreferent im Heinrich Pesch Haus Ludwigshafen hat er versucht, diese Einstellung glaubwürdig zu vertreten. In mehr als 30 Jahren Bildungsarbeit für die Hospizbewegung erfuhr er immer wieder die Trotz-Macht des Humors auch im Grenzgebiet zwischen Leben und Tod. Heinz Hinse verstarb am 10.12.2018 nach langer Krankheit.

Karl-Horst Möhl †
erblickte nach zwei Schwestern 1949 im oberhessischen Rabenau das Licht der Welt. Pubertät, erste Schülerzeitung und Mittlere Reife in Friedberg, Abi am Schuldorf Bergstraße, danach zwei Jahre für Vaterland und Mutterboden im Nato-oliv-grünen Dress. Da der Vater 1971 den Studienwunsch Industriedesign nicht unterstützte, direkter Berufseinstieg via Zeitungsvolontariat bei der „Tauber Rundschau" in den Journalismus mit ersten gezeichneten Kolumnen. Seit 1972 liebte, lebte und zeichnete -ö-, so das Zeitungskürzel als Lokalredakteur der Rhein-Neckar-Zeitung, in der Traumstadt Heidelberg. Seit der Krebserkrankung 2004 war er nur noch als „Freier" tätig, mit wöchentlich erscheinender Karikatur zum lokalen Geschehen. Die letzte erschien noch am Tag vor seinem Tode.

ZUM THERAPIEZIEL „ERHALTUNG DER LEBENSQUALITÄT"

Im September 1976 habe ich im Bildungszentrum „Heinrich Pesch Haus" in Ludwigshafen meinen ersten Studientag für die Hospizbewegung gehalten, zusammen mit Dr. Paul Becker, dem späteren Begründer der IGSL-Hospiz e. V.

40 Jahre später, im April 2016, wurde ich nun selbst ein „Betroffener", wie man damals sagte, ein Palliativpatient mit der Diagnose Bronchialkarzinom, Hirnmetastasen und Pleuraerguss.

Vieles von dem, was ich in all den Jahren aus der Perspektive von Helfenden, von Ärzten, Pflegenden und ehrenamtlichen Begleitern in den Seminaren erfahren und weitergegeben habe, kann ich jetzt als „Geholfener" aus persönlichem Erleben bestätigen: das Hin und Her zwischen Angst und Hoffnung, das Auf und Ab zwischen Kraft und Schwäche, das Gefühl der Abhängigkeit und den Dank für Hilfen.

Wenn ich jetzt, nach zwei Jahren, darüber schreibe, möchte ich meine bisher überwiegend positiven Erfahrungen als Palliativpatient weitergeben. Die gibt es ja zum Glück auch. Sie lassen mich die vielen negativen vielleicht eher ertragen, auch die, die noch auf mich zukommen können.

Eine erste positive Erfahrung hatte ich im Gespräch mit Medizinern, als ich sehr bald und offen meine Beziehung zur Hospizarbeit erwähnte. Ich hatte den Eindruck, dass ich ihnen damit ihre Kommunikation mit mir erleichterte.

Bei allen Arztgesprächen war meine Frau dabei. Das Annehmen der Diagnose und die gemeinsame Entscheidung für das Therapieziel der Palliativmedizin fielen uns so leichter.

Was nun das palliative Therapieziel „Erhaltung der Lebensqualität" angeht, konnte ich mir vorher nicht vorstellen, was das alles für mich bedeutete:
Die wichtigste Lebensqualität wurde für mich der wunderbare Einsatz meiner Frau während meiner Pflege und Begleitung sowie das Zusammenwachsen unserer Familie mit Kindern und Enkeln und mit meiner Großfamilie (bin das Älteste von sechs Kindern).

Gut getan haben mir auch die Besuche, Briefe und Anrufe von vielen Freundinnen und Freunden in der Hospizarbeit. Sie stärkten meine Zufriedenheit und Zuversicht. Unter „Lebensqualität“ verstand ich auch die geschenkte Zeit – ohne Arbeit – in der ich nachdenken und mich dankbar an so viele Menschen und Ereignisse in meinen bisher überwiegend gesunden 82 Lebensjahren erinnern konnte.

Eine Hilfe war mir schließlich auch mein Humor, der sich allerdings verändert hat. Der Humor ist für mich immer noch eine Form des Glaubens, realistisch geerdet und gläubig „gehimmelt“. Er brachte mich auch dazu, den Begriff „Lebensqualität“ zu ergänzen: So freue ich mich über die anfangs nicht vorhersehbare Verlängerung meiner „Lebensquantität“ von bisher immerhin fast zwei Jahren.

Heinz Hinse

* Dieser letzte Text von Heinz Hinse erschien im Frühjahr des Jahres 2018 in der Mitgliederzeitschrift der Internationalen Gesellschaft für Sterbebegleitung und Lebensbeistand, die Heinz Hinse im Jahr 1986 mitbegründet hatte. Heinz Hinse verstarb am 10.12.2018 [Anmerkung des Lektors].

Quelle

Hinse, H. (2018). Zum Therapieziel „Erhaltung der Lebensqualität“. Der Wegbegleiter 2, S. 10.